공부 200% 업그레이드하기

- Life Planner -

| 이윤주 저 |

학지사

삶에서 주인으로 살아간다는 것은 내 시간의 주인으로 산다는 의미다. 이 Life Planner는 내 시간의 주인으로 살아가기 위해 저자가 중·고등학교 시절부터 지금까지 살면서 시간을 관리해 온 노하우가 반영되어 있다. 삶의 목표를 세우고 매주, 매일의 시간을 그 목표의 달성을 위해 계획하고 기록할 수 있다.

- 목표는 1학기 중, 여름방학, 2학기 중, 겨울방학 그리고 매달로 나누어 적을 수 있다.
- 최소한 세 가지 정도의 목표를 기록하고 실행 정도를 반성할 수 있기를 바란다.
- 매주 시간 기록은 그 주의 할 일을 적되 왼쪽 앞에는 우선순위를, 오른쪽에는 실행여부를 체크하는 데 사용한다.
- 매일 기록은 시간과 내용을 적고 오른쪽 뒤의 두 칸은 우선순위나 실행정도를 체크하는 데 사용한다.
- 다음 박스는 그날의 간단한 소감이나 하루 일과를 진행했을 때 자신에게 줄 상과 벌을 기록하는 데 사용한다.

시간표(1학기 중)

시간	월	화	수	목	금	토
9						
10						
11						
12						
1						
2						
3						
4						
5						
6						
7						
8						
9						
10						

시간표 (어른용)

시간	월	화	수	목	금	토
6						
10						
11						
12						
1						
2						
3						
4						
5						
6						
7						
8						
9						
10						

시간표(2학기 중)

시 간	월	화	수	목	금	토
9						
10						
11						
12						
1						
2						
3						
4						
5						
6						
7						
8						
9						
10						

시간표(가동상황)

시간	9	10	11	12	1	2	3	4	5	6	7	8	9	10
월														
화														
수														
목														
금														
토														

Life Planner

나의 목표(○학기 중, ○○방학)

1. 영문법 ** 두 번 공부
(내 영어의 기초공사가 성적 향상에 꼭 필요)

②.주 3회 이상 30분 이상 조깅
(공부는 마라톤이다. 장기전에 대비)

3.

4.

_____ 월의 목표 및 반성

A	수학 300문제 풀기
B	독해 60개(10개는 다음 달로!)
A	영문법 매일 1개 장씩
B	~~12시 전에 자자~~
A	7시까지 일어나기

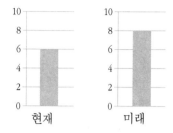

반성

한 학기의 목표는 해당 학기에 여러분들이 달성하고 싶은 목표로 채워진다. 목표는 가급적 구체적이고 명확한 것이 좋다. '성적 잘 받기'보다는 '이번 학기 평점 3.8 이상의 학점 받기'가 훨씬 구체적이다. 또 '살 빼서 몸짱되기'보다는 '이번 달 1kg 감량' 혹은 '체지방 5% 감소' '일일 섭취 칼로리 1800kcal 이하' '조깅 주 5회, 각 30분 이상' 등이 훨씬 명확하고 구체적이며 좋은 목표다. 목표가 달성되면 해당되는 내용의 번호에 동그라미 한다.

이번 학기 달성하고 싶은 목표는 매월 주의할 공부 계획을 짜는 데 큰 도움이 된다. 각 번호별로 목표를 적고 그 목표가 중요한 이유를 함께 적어 둔다. 그리고 한 학기가 지난 후, 모든 목표 앞에 ∨표를 한 모습을 상상해 본다. 이미 여러분은 한 단계 이상 발전한 것이다.

다시 강조하지만, 단순히 '매일 영어공부하기'보다는 '매일 아침 7시부터 8시까지 영어 단어 30개를 암기하겠다.'식의 목표 설정이 훨씬 실천하기 쉽다. 모든 목표를 구체적으로 작성해보자. 여기서는 각 목표 앞의 빈 칸에 목표의 중요도 순으로 A, B, C를 부여하고 완수한 목표는 지워버리도록 한다. 달성하지 못한 부분은 완수할 계획 혹은 수정할 사항 옆에 적어 두고 실천에 옮길 수 있도록 한다.

파이팅~~~~~~~ 귀중한 당신!

월말에는 이번 달을 평가하고 스스로에게 점수를 준다. 그리고 다음 달에는 어떤 점수를 받고 싶은지 목표 설정을 하도록 한다. 작지만 '해보자!' 하는 목표와 '해냈다!' 하는 성취의 식이 내게 동기와 의욕을 주는 데 큰 힘이 될 것이다.

최소한 중요도가 A인 목표는 꼭 완수!

(/월) 할 수 있다, 지금 한다

8	영문법 5장	○	문자
9	수학 A 15 문제	○	
10	"	○	
11	"		
12	국어 2과 정리	○	매점
1	수학 A 16 문제		
2	"	○	
3	"	○	
4	영어학원숙제	○	
5	"	○	간식
6	:30 영어학원	○	
7	"		
8	영어단어 35~36	○	
9	"	○	
10	영어학원숙제		
11	"	○	음악
12	음악 다운	○	

완료 90% → 음악 다운
수학에 좀 더 박차를~~~

T	13.5	R	0	M	15	F	0

• 날짜와 요일 옆의 칸은 자신을 격려하는 문구를 적거나 그날의 꼭 기억해야 할 일 등을 적는 데 사용한다.

• 시간대별로 할 일을 적고 빈 칸에 달성 여부를 표시한다. 오른쪽 칸에는 완수할 경우 받을 보상이나 실패할 경우 받을 벌에 대해 적어 둔다. 상과 벌은 스스로 세운 목표와 계획을 달성하도록 도움을 줄 수 있으므로 반드시 지키도록 노력하는 것이 필요하다.

• 이 칸에는 간단한 일지나 소감 등을 기록한다.

• T, R 등은 각자의 목표를 설정하고 그것을 약자로 적은 것으로 다음의 목표 달성을 점검한다.

〈예시 참조〉
T: 반짝이는 시간(시간)
R: 후회되는 시간(시간)
M: 수학공부(푼 문제 수)
F: 보상(유, 무)

위대한 일은 힘이 아닌 끈기에 의해 이루어진다. 하루에 3시간씩 활기차게 걷는 사람은 7년이면 지구를 한 바퀴 도는 만큼 걷게 될 것이다.
– 사무엘 존슨

그대의 별을 따라가면, 틀림없이 영광의 항구에 도달할 수 있을 것이다.
– 단테

가장 큰 실수는 잘 못한다고 아무것도 하지 않는 것이다. 할 수 있는 것을 하라.
– 시드니 스미스

얼마나 바쁘냐가 아니라 왜 바쁘냐가 중요하다. 꿀벌은 칭찬을 받지만 모기는 죽임을 당한다.
– 마리 오코너

나의 목표(1학기 중)

1.	
2.	
3.	
4.	
5.	
6.	
7.	

나의 목표(여름방학)

1.	
2.	
3.	
4.	
5.	
6.	
7.	

_____ 월의 목표 및 반성

10 10
8   8
6   6
4   4
2   2
0   0

현재 미래

반성

_____ 월의 목표 및 반성

10 10
8   8
6   6
4   4
2   2
0   0

현재 미래

반성

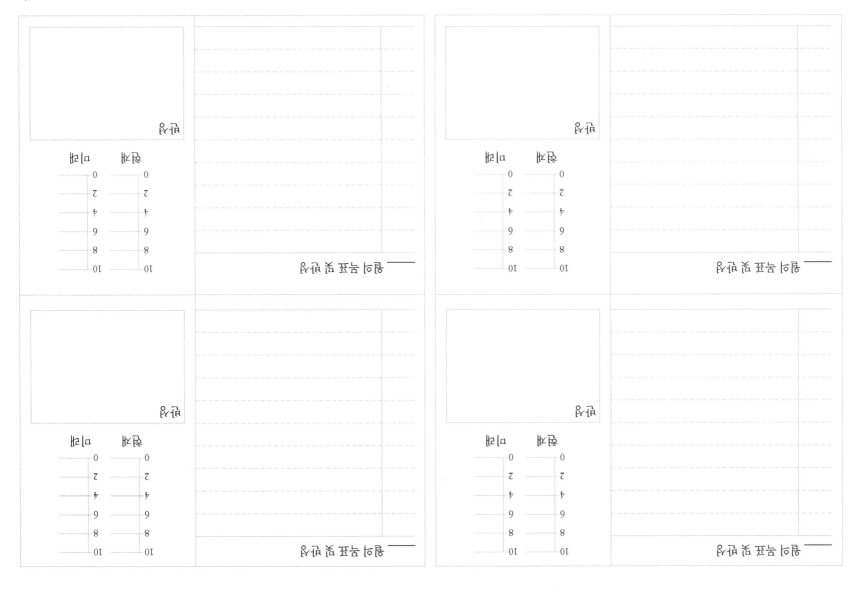

제목

평점 미래
0 — 0
2 — 2
4 — 4
6 — 6
8 — 8
10 — 10

읽은 날짜 및 기간 _____

제목

평점 미래
0 — 0
2 — 2
4 — 4
6 — 6
8 — 8
10 — 10

읽은 날짜 및 기간 _____

제목

평점 미래
0 — 0
2 — 2
4 — 4
6 — 6
8 — 8
10 — 10

읽은 날짜 및 기간 _____

제목

평점 미래
0 — 0
2 — 2
4 — 4
6 — 6
8 — 8
10 — 10

읽은 날짜 및 기간 _____

시험시간표(___ 학기 ___ 고사)

교 시 \ 시험일				
1				
2				
3				
4				

주요과목 시험공부계획

과 목	범 위	공부일정	공부방법 및 순서	완료도/ 수정사항

시험시간표(___학기 ___고사)

교시 / 시험일				
1				
2				
3				
4				

주요과목 시험공부계획표

과목	범위	공부일정	공부방법 및 순서	완료도/수정사항

나의 목표(2학기 중)

1.	
2.	
3.	
4.	
5.	
6.	
7.	

나의 목표(겨울방학)

1.	
2.	
3.	
4.	
5.	
6.	
7.	

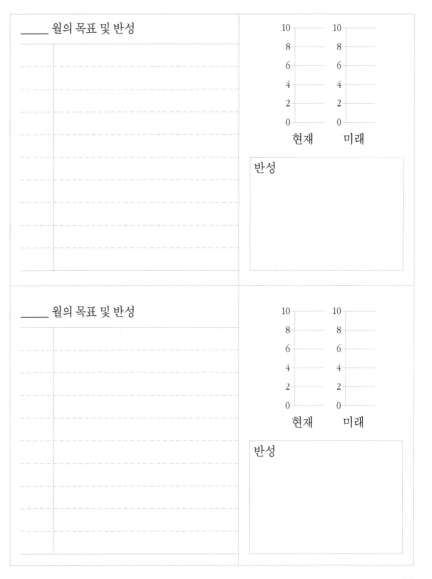

_____ 월의 목표 및 반성

현재   미래

반성

_____ 월의 목표 및 반성

현재   미래

반성

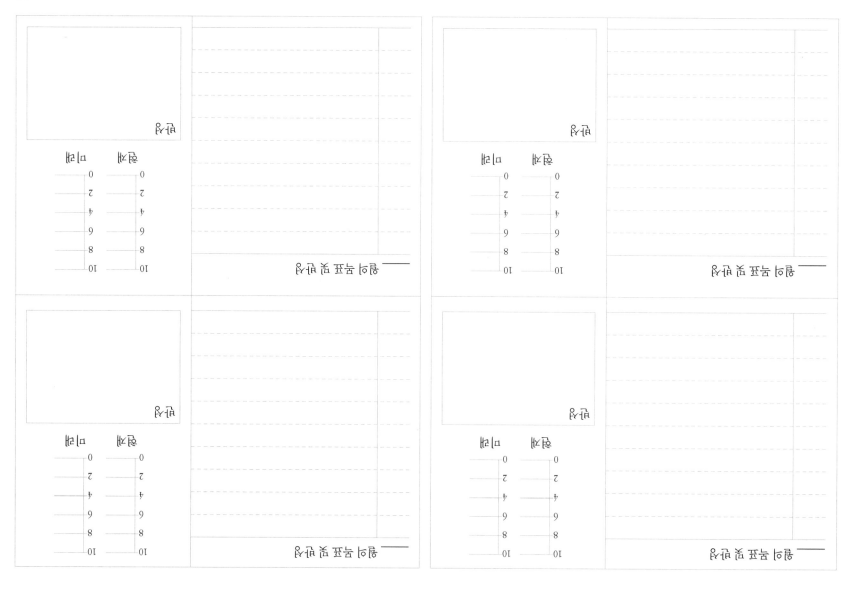

시험시간표(___ 학기 ___ 고사)

교시 \ 시험일					
1					
2					
3					
4					

주요과목 시험공부계획

과 목	범 위	공부일정	공부방법 및 순서	완료도/ 수정사항

시험시간표(___학기___고사)

시험일 / 교시					
1					
2					
3					
4					

주요과목 시험공부계획

과목	단원	공부방법	공부계획 및 분량	완료일	완료일/수정사항

날짜 월 일 ~ 월 일

Free Note

(/월)

(/화)

| 9 |
| 10 |
| 11 |
| 12 |
| 1 |
| 2 |
| 3 |
| 4 |
| 5 |
| 6 |
| 7 |
| 8 |
| 9 |
| 10 |

| 9 |
| 10 |
| 11 |
| 12 |
| 1 |
| 2 |
| 3 |
| 4 |
| 5 |
| 6 |
| 7 |
| 8 |
| 9 |
| 10 |

이 주의 할 일

T		R		M		F	

T		R		M		F	

F	M	R	T	F	M	R	T	F	M	R	T	F	M	R	T
							10				10				10
							9				9				9
							8				8				8
							7				7				7
							6				6				6
							5				5				5
		(/일)					4				4				4
F	M	R	T				3				3				3
							2				2				2
							1				1				1
							12				12				12
							11				11				11
							10				10				10
							9				9				9
		(/토)			(/금)			(/목)			(/수)				

날짜   월   일 ~   월   일

Free Note

이 주의 할 일

(/월)

9		
10		
11		
12		
1		
2		
3		
4		
5		
6		
7		
8		
9		
10		

T		R		M		F	

(/화)

9		
10		
11		
12		
1		
2		
3		
4		
5		
6		
7		
8		
9		
10		

T		R		M		F	

F M R T
F M R T
F M R T
F M R T

F M R T

(/월)

(/화)

(/수)

(/목)

(/금)

날짜 월 일 ~ 월 일

Free Note

이 주의 할 일

(/월)

9		
10		
11		
12		
1		
2		
3		
4		
5		
6		
7		
8		
9		
10		

T		R		M		F	

(/화)

9		
10		
11		
12		
1		
2		
3		
4		
5		
6		
7		
8		
9		
10		

T		R		M		F	

(/수)		
9		
10		
11		
12		
1		
2		
3		
4		
5		
6		
7		
8		
9		
10		

T	R	M	F

(/목)		
9		
10		
11		
12		
1		
2		
3		
4		
5		
6		
7		
8		
9		
10		

T	R	M	F

(/금)		
9		
10		
11		
12		
1		
2		
3		
4		
5		
6		
7		
8		
9		
10		

T	R	M	F

(/토)

T	R	M	F

(/일)

T	R	M	F

날짜   월   일 ~   월   일

Free Note

이 주의 할 일

(/월)

9		
10		
11		
12		
1		
2		
3		
4		
5		
6		
7		
8		
9		
10		

T		R		M		F	

(/화)

9		
10		
11		
12		
1		
2		
3		
4		
5		
6		
7		
8		
9		
10		

T		R		M		F	

(/수)

9			
10			
11			
12			
1			
2			
3			
4			
5			
6			
7			
8			
9			
10			

T		R		M		F	

(/목)

9			
10			
11			
12			
1			
2			
3			
4			
5			
6			
7			
8			
9			
10			

T		R		M		F	

(/금)

9			
10			
11			
12			
1			
2			
3			
4			
5			
6			
7			
8			
9			
10			

T		R		M		F	

(/토)

T		R		M		F	

(/일)

T		R		M		F	

날짜   월   일 ~   월   일

Free Note

이 주의 할 일

(/월)

9		
10		
11		
12		
1		
2		
3		
4		
5		
6		
7		
8		
9		
10		
T	R	M	F

(/화)

9		
10		
11		
12		
1		
2		
3		
4		
5		
6		
7		
8		
9		
10		
T	R	M	F

T	R	M	F

(/월)

T	R	M	F

(/화)

T	R	M	F

(/수)

T	R	M	F

T	R	M	F

(/일)

T	R	M	F

9
10
11
12
1
2
3
4
5
6
7
8
9
10

날짜   월   일 ～   월   일

Free Note

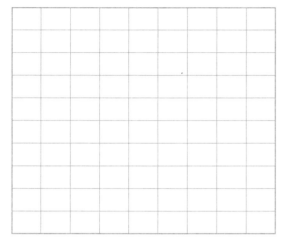

이 주의 할 일

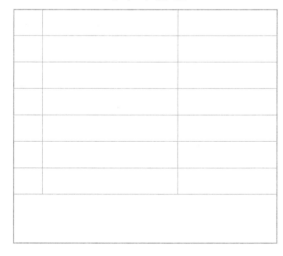

(/월)

9		
10		
11		
12		
1		
2		
3		
4		
5		
6		
7		
8		
9		
10		

T		R		M		F	

(/화)

9		
10		
11		
12		
1		
2		
3		
4		
5		
6		
7		
8		
9		
10		

T		R		M		F	

	F	M	R	T		F	M	R	T		F	M	R	T		F	M	R	T

(/수)   (/목)   (/금)   (/토)

10
9
8
7
6
5
4
3
2
1
12
11
10
9

(/일)

	F	M	R	T

날짜 월   일 ～ 월   일

Free Note

이 주의 할 일

(/월)

9	
10	
11	
12	
1	
2	
3	
4	
5	
6	
7	
8	
9	
10	

T		R		M		F	

(/화)

9	
10	
11	
12	
1	
2	
3	
4	
5	
6	
7	
8	
9	
10	

T		R		M		F	

(　/수)	(　/목)	(　/금)	(　/토)
9	9	9	
10	10	10	
11	11	11	
12	12	12	
1	1	1	
2	2	2	
3	3	3	T　　R　　M　　F
4	4	4	(　/일)
5	5	5	
6	6	6	
7	7	7	
8	8	8	
9	9	9	
10	10	10	
T　R　M　F	T　R　M　F	T　R　M　F	T　R　M　F

날짜   월   일 ~   월   일

Free Note

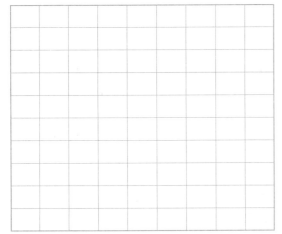

이 주의 할 일

(/월)

9		
10		
11		
12		
1		
2		
3		
4		
5		
6		
7		
8		
9		
10		
T	R	M	F

(/화)

9		
10		
11		
12		
1		
2		
3		
4		
5		
6		
7		
8		
9		
10		
T	R	M	F

T	R	M	F
9			
10			
11			
12			
1			
2			
3			
4			
5			
6			
7			
8			
9			
10			

(/수)　　　(/목)　　　(/금)　　　(/토)

(/일)

Free Note

(/월)

(/화)

9

10

11

12

1

2

3

4

5

6

7

8

9

10

이 주의 할 일

T		R		M		F	

9

10

11

12

1

2

3

4

5

6

7

8

9

10

T		R		M		F	

T	R	M	F	T	R	M	F	T	R	M	F	T	R	M	F

(/수) | (/목) | (/금) | (/토)

10
9
8
7
6
5
4
3
2
1
12
11
10
9

(/일)

T	R	M	F

날짜   월   일 ~   월   일

Free Note

이 주의 할 일

(/월)

9		
10		
11		
12		
1		
2		
3		
4		
5		
6		
7		
8		
9		
10		

T		R		M		F	

(/화)

9		
10		
11		
12		
1		
2		
3		
4		
5		
6		
7		
8		
9		
10		

T		R		M		F	

T	R	M	F		T	R	M	F		T	R	M	F		T	R	M	F

(/수)

(/목)

(/금)

(/일)

(/토)

10 9 8 7 6 5 4 3 2 1 12 11 10 9

T	R	M	F

(/일)

날짜   월   일 ～   월   일

Free Note

(/월)

(/화)

9	
10	
11	
12	
1	
2	
3	
4	
5	
6	
7	
8	
9	
10	

이 주의 할 일

T		R		M		F	

T		R		M		F	

F	M	R	T		F	M	R	T		F	M	R	T		F	M	R	T
								10					10					10
								9					9					9
								8					8					8
								7					7					7
								6					6					6
								5					5					5

(/일)

F	M	R	T

			4			4			4
			3			3			3
			2			2			2
			1			1			1
			12			12			12
			11			11			11
			10			10			10
			9			9			9

(/토)   (/금)   (/목)   (/수)

날짜   월   일 ~   월   일

Free Note

이 주의 할 일

(/월)

9		
10		
11		
12		
1		
2		
3		
4		
5		
6		
7		
8		
9		
10		
T	R	M	F

(/화)

9		
10		
11		
12		
1		
2		
3		
4		
5		
6		
7		
8		
9		
10		
T	R	M	F

(/수)	(/목)	(/금)	(/토)
9	9	9	
10	10	10	
11	11	11	
12	12	12	
1	1	1	
2	2	2	
3	3	3	T R M F
4	4	4	(/일)
5	5	5	
6	6	6	
7	7	7	
8	8	8	
9	9	9	
10	10	10	
T R M F	T R M F	T R M F	T R M F

날짜 월 일 ~ 월 일

Free Note

이 주의 할 일

(/월)

9	
10	
11	
12	
1	
2	
3	
4	
5	
6	
7	
8	
9	
10	

T		R		M		F	

(/화)

9	
10	
11	
12	
1	
2	
3	
4	
5	
6	
7	
8	
9	
10	

T		R		M		F	

T	R	M	F		T	R	M	F		T	R	M	F		T	R	M	F
					10					10					10			
					9					9					9			
					8					8					8			
					7					7					7			
					6					6					6			
					5					5					5			
					4					4					4			
					3					3					3			
					2					2					2			
					1					1					1			
					12					12					12			
					11					11					11			
					10					10					10			
					9					9					9			

(/월)

T	R	M	F

(/토)　　(/일)　　(/목)　　(/수)

날짜   월   일 ~   월   일

Free Note

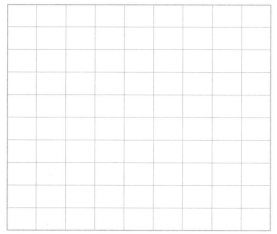

이 주의 할 일

(/월)

9		
10		
11		
12		
1		
2		
3		
4		
5		
6		
7		
8		
9		
10		

T		R		M		F	

(/화)

9		
10		
11		
12		
1		
2		
3		
4		
5		
6		
7		
8		
9		
10		

T		R		M		F	

(/수)   (/목)   (/금)   (/토)

수				목				금			
9				9				9			
10				10				10			
11				11				11			
12				12				12			
1				1				1			
2				2				2			
3				3				3			
4				4				4			
5				5				5			
6				6				6			
7				7				7			
8				8				8			
9				9				9			
10				10				10			

T   R   M   F (토)

(/일)

T	R	M	F	T	R	M	F	T	R	M	F	T	R	M	F

날짜 월 일 ~ 월 일

Free Note

이 주의 할 일

(/월)

9	
10	
11	
12	
1	
2	
3	
4	
5	
6	
7	
8	
9	
10	

T		R		M		F	

(/화)

9	
10	
11	
12	
1	
2	
3	
4	
5	
6	
7	
8	
9	
10	

T		R		M		F	

(/수)	(/목)	(/금)	(/토)
9	9	9	
10	10	10	
11	11	11	
12	12	12	
1	1	1	
2	2	2	
3	3	3	T R M F
4	4	4	(/일)
5	5	5	
6	6	6	
7	7	7	
8	8	8	
9	9	9	
10	10	10	
T R M F	T R M F	T R M F	T R M F

날짜   월   일 ~   월   일

Free Note

이 주의 할 일

(/월)

9		
10		
11		
12		
1		
2		
3		
4		
5		
6		
7		
8		
9		
10		

T	R	M	F

(/화)

9		
10		
11		
12		
1		
2		
3		
4		
5		
6		
7		
8		
9		
10		

T	R	M	F

F	M	R	T	F	M	R	T	F	M	R	T

		10			10			10
		9			9			9
		8			8			8
		7			7			7
		6			6			6
		5			5			5

(/일)

F	M	R	T

	4		4		4
	3		3		3
	2		2		2
	1		1		1
	12		12		12
	11		11		11
	10		10		10
	9		9		9

(/토) (/금) (/목) (/수)

Free Note

이 주의 할 일

(/월)

9	
10	
11	
12	
1	
2	
3	
4	
5	
6	
7	
8	
9	
10	

T	R	M	F

(/화)

9	
10	
11	
12	
1	
2	
3	
4	
5	
6	
7	
8	
9	
10	

T	R	M	F

T	R	M	F		T	R	M	F		T	R	M	F		T	R	M	F

(/일)

10					10					10								
9					9					9								
8					8					8								
7					7					7								
6					6					6								
5					5					5								
4					4					4								
3					3					3								
2					2					2								
1					1					1								
12					12					12								
11					11					11								
10					10					10								
9					9					9								

(/수)   (/목)   (/금)   (/토)

T	R	M	F

날짜   월   일 ~   월   일

Free Note

이 주의 할 일

(/월)

9		
10		
11		
12		
1		
2		
3		
4		
5		
6		
7		
8		
9		
10		

T		R		M		F	

(/화)

9		
10		
11		
12		
1		
2		
3		
4		
5		
6		
7		
8		
9		
10		

T		R		M		F	

(/수)			(/목)			(/금)			(/토)		
9			9			9					
10			10			10					
11			11			11					
12			12			12					
1			1			1					
2			2			2					
3			3			3			T	R	M	F
4			4			4			(/일)			
5			5			5					
6			6			6					
7			7			7					
8			8			8					
9			9			9					
10			10			10					
T	R	M	F	T	R	M	F	T	R	M	F	T	R	M	F

날짜   월   일 ~   월   일

Free Note

이 주의 할 일

(/월)

9		
10		
11		
12		
1		
2		
3		
4		
5		
6		
7		
8		
9		
10		

T		R		M		F	

(/화)

9		
10		
11		
12		
1		
2		
3		
4		
5		
6		
7		
8		
9		
10		

T		R		M		F	

(/수)				(/목)				(/금)				(/토)			
9				9				9							
10				10				10							
11				11				11							
12				12				12							
1				1				1							
2				2				2							
3				3				3				T	R	M	F
4				4				4				(/일)			
5				5				5							
6				6				6							
7				7				7							
8				8				8							
9				9				9							
10				10				10							
T	R	M	F	T	R	M	F	T	R	M	F	T	R	M	F

날짜　월　일 ~ 월　일

Free Note

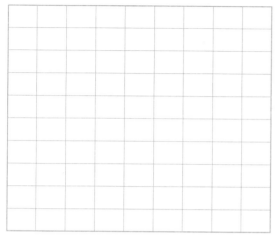

이 주의 할 일

(/월)

9		
10		
11		
12		
1		
2		
3		
4		
5		
6		
7		
8		
9		
10		

T		R		M		F	

(/화)

9		
10		
11		
12		
1		
2		
3		
4		
5		
6		
7		
8		
9		
10		

T		R		M		F	

F	M	R	T	F	M	R	T	F	M	R	T	F	M	R	T
							10				10				10
							9				9				9
							8				8				8
							7				7				7
							6				6				6
							5				5				5
(/일)							4				4				4
F	M	R	T				3				3				3
							2				2				2
							1				1				1
							12				12				12
							11				11				11
							10				10				10
							9				9				9
(/토)				(/금)				(/목)				(/수)			

Free Note

이 주의 할 일

(/월)

	9	
	10	
	11	
	12	
	1	
	2	
	3	
	4	
	5	
	6	
	7	
	8	
	9	
	10	

T		R		M		F	

(/화)

	9	
	10	
	11	
	12	
	1	
	2	
	3	
	4	
	5	
	6	
	7	
	8	
	9	
	10	

T		R		M		F	

	T	R	W	F		T	R	W	F		T	R	W	F		T	R	W	F

(/수)

9
10
11
12
1
2
3
4
5
6
7
8
9
10

(/목)

9
10
11
12
1
2
3
4
5
6
7
8
9
10

(/금)

9
10
11
12
1
2
3
4
5
6
7
8
9
10

(/토)

T	R	W	F

(/일)

날짜   월   일 ~   월   일

Free Note

이 주의 할 일

(/월)

9		
10		
11		
12		
1		
2		
3		
4		
5		
6		
7		
8		
9		
10		
T	R	M	F

(/화)

9		
10		
11		
12		
1		
2		
3		
4		
5		
6		
7		
8		
9		
10		
T	R	M	F

F	M	R	T	F	M	R	T	F	M	R	T	F	M	R	T
							10				10				10
							9				9				9
							8				8				8
							7				7				7
							6				6				6
							5				5				5
							4				4				4

(/일)

F	M	R	T
			3				3				3
			2				2				2
			1				1				1
			12				12				12
			11				11				11
			10				10				10
			9				9				9

(/토)   (/금)   (/목)   (/수)

날짜 월   일 ~ 월   일

Free Note

이 주의 할 일

(/월)

9			
10			
11			
12			
1			
2			
3			
4			
5			
6			
7			
8			
9			
10			

T		R		M		F	

(/화)

9			
10			
11			
12			
1			
2			
3			
4			
5			
6			
7			
8			
9			
10			

T		R		M		F	

(/수)			
9			
10			
11			
12			
1			
2			
3			
4			
5			
6			
7			
8			
9			
10			
T	R	M	F

(/목)			
9			
10			
11			
12			
1			
2			
3			
4			
5			
6			
7			
8			
9			
10			
T	R	M	F

(/금)			
9			
10			
11			
12			
1			
2			
3			
4			
5			
6			
7			
8			
9			
10			
T	R	M	F

(/토)			
T	R	M	F

(/일)			
T	R	M	F

날짜 월   일 ~   월   일

Free Note

이 주의 할 일

(　/월)

9		
10		
11		
12		
1		
2		
3		
4		
5		
6		
7		
8		
9		
10		

T		R		M		F	

(　/화)

9		
10		
11		
12		
1		
2		
3		
4		
5		
6		
7		
8		
9		
10		

T		R		M		F	

Life Planner

(/수)   (/목)   (/금)   (/토)

(/일)   (/월)

날짜 월 일 ~ 월 일

Free Note

이 주의 할 일

(/월)

9	
10	
11	
12	
1	
2	
3	
4	
5	
6	
7	
8	
9	
10	

T		R		M		F	

(/화)

9	
10	
11	
12	
1	
2	
3	
4	
5	
6	
7	
8	
9	
10	

T		R		M		F	

F	M	R	T	F	M	R	T	F	M	R	T	F	M	R	T
							10				10				10
							9				9				9
							8				8				8
							7				7				7
							6				6				6
							5				5				5
							4				4				4
							3				3				3
							2				2				2
							1				1				1
							12				12				12
							11				11				11
							10				10				10
							9				9				9

(/일)

F	M	R	T

(/토)　　　(/금)　　　(/목)　　　(/수)

날짜   월   일 ~   월   일

Free Note

(/월)

(/화)

9	
10	
11	
12	
1	
2	
3	
4	
5	
6	
7	
8	
9	
10	

이 주의 할 일

T	R	M	F

T	R	M	F		T	R	M	F		T	R	M	F		T	R	M	F

T	R	M	F

(/일)

(/월)   (/화)   (/수)   (/목)   (/금)   (/토)

10 9 8 7 6 5 4 3 2 1 12 11 10 9

날짜   월   일 ~   월   일

Free Note

이 주의 할 일

(/월)

9		
10		
11		
12		
1		
2		
3		
4		
5		
6		
7		
8		
9		
10		

T		R		M		F	

(/화)

9		
10		
11		
12		
1		
2		
3		
4		
5		
6		
7		
8		
9		
10		

T		R		M		F	

T	R	M	F		T	R	M	F		T	R	M	F		T	R	M	F

(/수) (/목) (/금)

(/일)

T	R	M	F

(/월)

(/토)

날짜   월   일 ~   월   일

Free Note

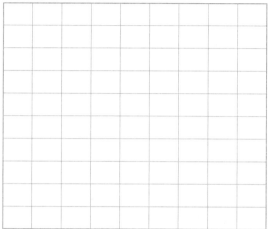

이 주의 할 일

(/월)

9		
10		
11		
12		
1		
2		
3		
4		
5		
6		
7		
8		
9		
10		
T	R	M	F

(/화)

9		
10		
11		
12		
1		
2		
3		
4		
5		
6		
7		
8		
9		
10		
T	R	M	F

F	M	R	T		F	M	R	T		F	M	R	T		F	M	R	T

(/일)

F	M	R	T

(/토)   (/금)   (/목)   (/수)

10 9 8 7 6 5 4 3 2 1 12 11 10 9

날짜   월   일 ~   월   일

Free Note

이 주의 할 일

(/월)

| 9 |
| 10 |
| 11 |
| 12 |
| 1 |
| 2 |
| 3 |
| 4 |
| 5 |
| 6 |
| 7 |
| 8 |
| 9 |
| 10 |

T		R		M		F	

(/화)

| 9 |
| 10 |
| 11 |
| 12 |
| 1 |
| 2 |
| 3 |
| 4 |
| 5 |
| 6 |
| 7 |
| 8 |
| 9 |
| 10 |

T		R		M		F	

F	M	R	T		F	M	R	T		F	M	R	T		F	M	R	T

(/일)

	10		10		10
	9		9		9
	8		8		8
	7		7		7
	6		6		6
	5		5		5
	4		4		4
	3		3		3
	2		2		2
	1		1		1
	12		12		12
	11		11		11
	10		10		10
	9		9		9

F	M	R	T

(/토)　　(/금)　　(/목)　　(/수)

날짜   월   일 ～   월   일

Free Note

이 주의 할 일

(/월)

9		
10		
11		
12		
1		
2		
3		
4		
5		
6		
7		
8		
9		
10		

T		R		M		F	

(/화)

9		
10		
11		
12		
1		
2		
3		
4		
5		
6		
7		
8		
9		
10		

T		R		M		F	

F	M	R	T	F	M	R	T	F	M	R	T	F	M	R	T
							10				10				10
							9				9				9
							8				8				8
							7				7				7
							6				6				6
							5				5				5

(/일)

F	M	R	T

				4		4		4
				3		3		3
				2		2		2
				1		1		1
				12		12		12
				11		11		11
				10		10		10
				9		9		9

(/토)   (/금)   (/목)   (/수)

날짜 월 일 ~ 월 일

Free Note

이 주의 할 일

(/월)

9
10
11
12
1
2
3
4
5
6
7
8
9
10

T		R		M		F	

(/화)

9
10
11
12
1
2
3
4
5
6
7
8
9
10

T		R		M		F	

(/월)

(/화)

(/수)

(/목)

(/금)

(/토)

(/일)

날짜   월   일 ~   월   일

Free Note

이 주의 할 일

(　　/월)

9		
10		
11		
12		
1		
2		
3		
4		
5		
6		
7		
8		
9		
10		

| T | R | M | F |

(　　/화)

9		
10		
11		
12		
1		
2		
3		
4		
5		
6		
7		
8		
9		
10		

| T | R | M | F |

T	R	M	F

(/목)

T	R	M	F

10
9
8
7
6
5
4
3
2
1
12
11
10
9

(/금)

T	R	M	F

10
9
8
7
6
5
4
3
2
1
12
11
10
9

(/일)

(/토)

T	R	M	F

(/월)

10
9
8
7
6
5
4
3
2
1
12
11
10
9

(/수)

(/화)

날짜 월 일 ~ 월 일

Free Note

이 주의 할 일

(/월)

| 9 |
| 10 |
| 11 |
| 12 |
| 1 |
| 2 |
| 3 |
| 4 |
| 5 |
| 6 |
| 7 |
| 8 |
| 9 |
| 10 |

T	R	M	F

(/화)

| 9 |
| 10 |
| 11 |
| 12 |
| 1 |
| 2 |
| 3 |
| 4 |
| 5 |
| 6 |
| 7 |
| 8 |
| 9 |
| 10 |

T	R	M	F

T	R	M	F

(/수)

T	R	M	F

9
10
11
12
1
2
3
4
5
6
7
8
9
10

(/목)

T	R	M	F

9
10
11
12
1
2
3
4
5
6
7
8
9
10

(/금)

T	R	M	F

9
10
11
12
1
2
3
4
5
6
7
8
9
10

(/토)

T	R	M	F

(/일)

날짜 월 일 ~ 월 일

Free Note

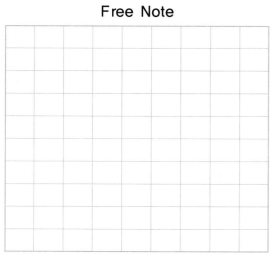

이 주의 할 일

(/월)

9		
10		
11		
12		
1		
2		
3		
4		
5		
6		
7		
8		
9		
10		

T		R		M		F	

(/화)

9		
10		
11		
12		
1		
2		
3		
4		
5		
6		
7		
8		
9		
10		

T		R		M		F	

F	M	R	T	F	M	R	T	F	M	R	T	F	M	R	T

10
9
8
7
6
5
4
3
2
1
12
11
10
9

(/월)

(/화)

(/수)

(/목)

(/금)

(/토)

(/일)

날짜   월   일 ～   월   일

Free Note

이 주의 할 일

(/월)

9

10

11

12

1

2

3

4

5

6

7

8

9

10

T		R		M		F	

(/화)

9

10

11

12

1

2

3

4

5

6

7

8

9

10

T		R		M		F	

(/수)   (/목)   (/금)   (/토)

(/일)

9
10
11
12
1
2
3
4
5
6
7
8
9
10

날짜 월 일 ~ 월 일

Free Note

이 주의 할 일

(/월)

9

10

11

12

1

2

3

4

5

6

7

8

9

10

T		R		M		F	

(/화)

9

10

11

12

1

2

3

4

5

6

7

8

9

10

T		R		M		F	

F	M	R	T	F	M	R	T	F	M	R	T	F	M	R	T

(/일)

F	M	R	T

10   9   8   7   6   5   4   3   2   1   12   11   10   9

(/토)   (/금)   (/목)   (/수)

날짜   월   일 ~   월   일

Free Note

이 주의 할 일

(/월)

9	
10	
11	
12	
1	
2	
3	
4	
5	
6	
7	
8	
9	
10	

| T | | R | | M | | F | |

(/화)

9	
10	
11	
12	
1	
2	
3	
4	
5	
6	
7	
8	
9	
10	

| T | | R | | M | | F | |

(/수)

(/목)

(/금)

(/일)

(/토)

9
10
11
12
1
2
3
4
5
6
7
8
9
10

날짜 월 일 ~ 월 일

Free Note

이 주의 할 일

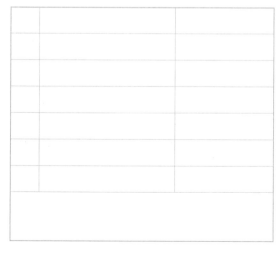

(/월)

9		
10		
11		
12		
1		
2		
3		
4		
5		
6		
7		
8		
9		
10		
T	R	M	F

(/화)

9		
10		
11		
12		
1		
2		
3		
4		
5		
6		
7		
8		
9		
10		
T	R	M	F

(/월)

(/화)

(/수)

(/목)

(/금)

(/일)

9 10 11 12 1 2 3 4 5 6 7 8 9 10

날짜   월   일 ~   월   일

Free Note

이 주의 할 일

(/월)

| 9 |
| 10 |
| 11 |
| 12 |
| 1 |
| 2 |
| 3 |
| 4 |
| 5 |
| 6 |
| 7 |
| 8 |
| 9 |
| 10 |

| T | | R | | M | | F | |

(/화)

| 9 |
| 10 |
| 11 |
| 12 |
| 1 |
| 2 |
| 3 |
| 4 |
| 5 |
| 6 |
| 7 |
| 8 |
| 9 |
| 10 |

| T | | R | | M | | F | |

F	M	R	T	F	M	R	T	F	M	R	T	F	M	R	T

F	M	R	T

10
9
8
7
6
5
4
3
2
1
12
11
10
9

(/월)

(/수)

(/목)

(/일)

(/토)

날짜   월   일 ~   월   일

Free Note

이 주의 할 일

(/월)

| | 9 |
| 10 |
| 11 |
| 12 |
| 1 |
| 2 |
| 3 |
| 4 |
| 5 |
| 6 |
| 7 |
| 8 |
| 9 |
| 10 |

| T | | R | | M | | F | |

(/화)

| | 9 |
| 10 |
| 11 |
| 12 |
| 1 |
| 2 |
| 3 |
| 4 |
| 5 |
| 6 |
| 7 |
| 8 |
| 9 |
| 10 |

| T | | R | | M | | F | |

(/수)		(/목)		(/금)		(/토)	
9		9		9			
10		10		10			
11		11		11			
12		12		12			
1		1		1			
2		2		2			
3		3		3		T R M F	
4		4		4		(/일)	
5		5		5			
6		6		6			
7		7		7			
8		8		8			
9		9		9			
10		10		10			
T R M F		T R M F		T R M F		T R M F	

날짜 월 일 ~ 월 일

Free Note

이 주의 할 일

(/월)

9		
10		
11		
12		
1		
2		
3		
4		
5		
6		
7		
8		
9		
10		
T	R	M	F

(/화)

9		
10		
11		
12		
1		
2		
3		
4		
5		
6		
7		
8		
9		
10		
T	R	M	F

T	R	M	F

(/일)

10
9
8
7
6
5
4
3
2
1
12
11
10
9

(/토)   (/금)   (/목)   (/수)

날짜 월 일 ~ 월 일

Free Note

이 주의 할 일

(/월)

9		
10		
11		
12		
1		
2		
3		
4		
5		
6		
7		
8		
9		
10		

T		R		M		F	

(/화)

9		
10		
11		
12		
1		
2		
3		
4		
5		
6		
7		
8		
9		
10		

T		R		M		F	

(/토) (/금) (/목) (/수)

(/일)

날짜   월   일 ~   월   일

Free Note

이 주의 할 일

(/월)

| 9 |
| 10 |
| 11 |
| 12 |
| 1 |
| 2 |
| 3 |
| 4 |
| 5 |
| 6 |
| 7 |
| 8 |
| 9 |
| 10 |

| T | | R | | M | | F | |

(/화)

| 9 |
| 10 |
| 11 |
| 12 |
| 1 |
| 2 |
| 3 |
| 4 |
| 5 |
| 6 |
| 7 |
| 8 |
| 9 |
| 10 |

| T | | R | | M | | F | |

F	M	R	T

F	M	R	T

F	M	R	T

F	M	R	T

F	M	R	T

(/월)

(/화)　(/수)　(/목)　(/금)　(/일)　(/토)

10 9 8 7 6 5 4 3 2 1 12 11 10 9

날짜 월 일 ~ 월 일

Free Note

(/월)

9		
10		
11		
12		
1		
2		
3		
4		
5		
6		
7		
8		
9		
10		

T		R		M		F	

이 주의 할 일

(/화)

9		
10		
11		
12		
1		
2		
3		
4		
5		
6		
7		
8		
9		
10		

T		R		M		F	

T	R	M	F	T	R	M	F	T	R	M	F	T	R	M	F

(/수) (/목) (/금) (/토)

(/일)

(/월) (/화) (/수)

날짜   월   일 ~   월   일

Free Note

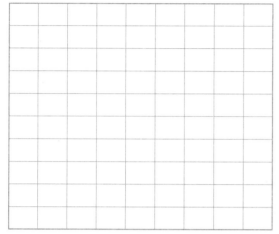

이 주의 할 일

(/월)

9		
10		
11		
12		
1		
2		
3		
4		
5		
6		
7		
8		
9		
10		

T		R		M		F	

(/화)

9		
10		
11		
12		
1		
2		
3		
4		
5		
6		
7		
8		
9		
10		

T		R		M		F	

T	R	M	F		F	M	R	T		T	R	M	F		F	M	R	T

(/수) (/목) (/금) (/토)

(/일)

9 10 11 12 1 2 3 4 5 6 7 8 9 10

날짜 월 일 ~ 월 일

Free Note

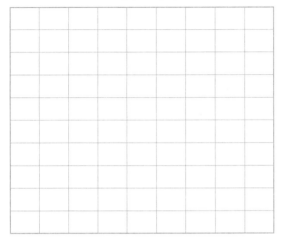

이 주의 할 일

(/월)

9

10

11

12

1

2

3

4

5

6

7

8

9

10

T		R		M		F	

(/화)

9

10

11

12

1

2

3

4

5

6

7

8

9

10

T		R		M		F	

F	M	R	T

(/일)

F	M	R	T

(/토)

(/금)

(/목)

(/수)

10
9
8
7
6
5
4
3
2
1
12
11
10
9

날짜   월   일 ~   월   일

Free Note

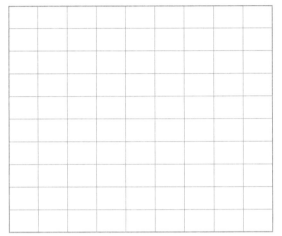

이 주의 할 일

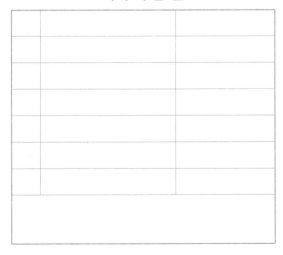

(/월)

9			
10			
11			
12			
1			
2			
3			
4			
5			
6			
7			
8			
9			
10			
T	R	M	F

(/화)

9			
10			
11			
12			
1			
2			
3			
4			
5			
6			
7			
8			
9			
10			
T	R	M	F

	T	R	M	F		T	R	M	F		T	R	M	F		T	R	M	F
9					9					9									
10					10					10									
11					11					11									
12					12					12									
1					1					1									
2					2					2									
3					3					3									
4					4					4									
5					5					5									
6					6					6									
7					7					7									
8					8					8									
9					9					9									
10					10					10									

(/수)   (/목)   (/금)   (/일)   (/토)   (/월)   (/일)

날짜 월 일 ~ 월 일

Free Note

이 주의 할 일

(/월)

9		
10		
11		
12		
1		
2		
3		
4		
5		
6		
7		
8		
9		
10		

T	R	M	F

(/화)

9		
10		
11		
12		
1		
2		
3		
4		
5		
6		
7		
8		
9		
10		

T	R	M	F

(　/수)				(　/목)				(　/금)				(　/토)			
9				9				9							
10				10				10							
11				11				11							
12				12				12							
1				1				1							
2				2				2							
3				3				3				T	R	M	F
4				4				4				(　/일)			
5				5				5							
6				6				6							
7				7				7							
8				8				8							
9				9				9							
10				10				10							
T	R	M	F	T	R	M	F	T	R	M	F	T	R	M	F

날짜 월 일~ 월 일

Free Note

이 주의 할 일

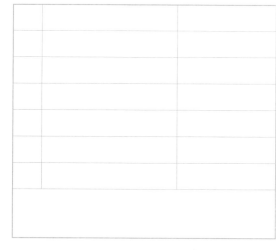

(/월)

9
10
11
12
1
2
3
4
5
6
7
8
9
10

T	R	M	F

(/화)

9
10
11
12
1
2
3
4
5
6
7
8
9
10

T	R	M	F

T	R	M	F		T	R	M	F		T	R	M	F		T	R	M	F

					10					10					10
					9					9					9
					8					8					8
					7					7					7
					6					6					6
					5					5					5
					4					4					4
					3					3					3
					2					2					2
					1					1					1
					12					12					12
					11					11					11
					10					10					10
					9					9					9

(/일)

T	R	M	F

(/토)   (/금)   (/목)   (/수)

날짜   월   일 ~   월   일

Free Note

이 주의 할 일

(/월)

9

10

11

12

1

2

3

4

5

6

7

8

9

10

T		R		M		F	

(/화)

9

10

11

12

1

2

3

4

5

6

7

8

9

10

T		R		M		F	

(/수)			(/목)			(/금)			(/토)		
9			9			9					
10			10			10					
11			11			11					
12			12			12					
1			1			1					
2			2			2					
3			3			3			T	R	M	F
4			4			4			(/일)		
5			5			5					
6			6			6					
7			7			7					
8			8			8					
9			9			9					
10			10			10					
T	R	M	F	T	R	M	F	T	R	M	F	T	R	M	F

날짜 월 일 ~ 월 일

Free Note

이 주의 할 일

(/월)

9		
10		
11		
12		
1		
2		
3		
4		
5		
6		
7		
8		
9		
10		

T	R	M	F

(/화)

9		
10		
11		
12		
1		
2		
3		
4		
5		
6		
7		
8		
9		
10		

T	R	M	F

(/수)	(/목)	(/금)	(/토)
9	9	9	
10	10	10	
11	11	11	
12	12	12	
1	1	1	
2	2	2	
3	3	3	T R M F
4	4	4	(/일)
5	5	5	
6	6	6	
7	7	7	
8	8	8	
9	9	9	
10	10	10	
T R M F	T R M F	T R M F	T R M F

날짜 월 일 ~ 월 일

Free Note

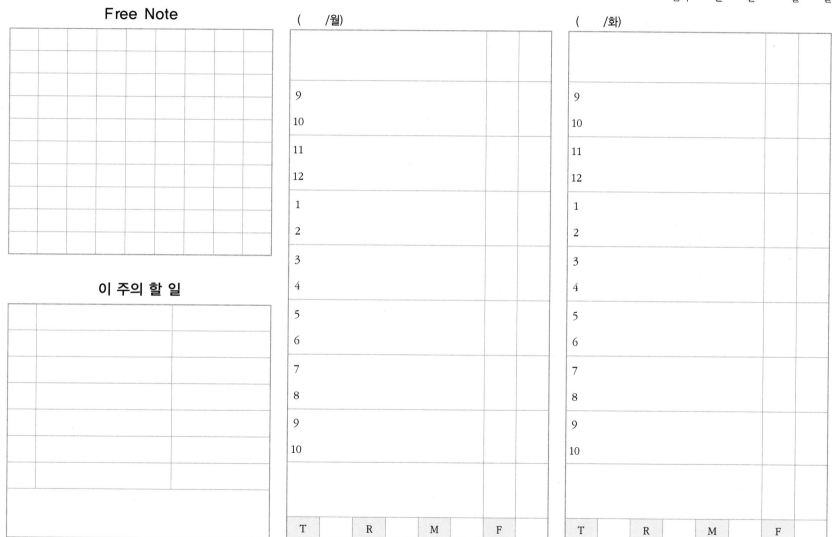

(/월)

```
9

10

11

12

1

2

3

4

5

6

7

8

9

10
```

T		R		M		F	

(/화)

```
9

10

11

12

1

2

3

4

5

6

7

8

9

10
```

T		R		M		F	

이 주의 할 일

T	R	M	F

10
9
8
7
6
5
4
3
2
1
12
11
10
9

(/수)

(/목)

(/금)

(/일)

(/토)

(/월)

(/영)

T	R	M	F

나의 비전 설계

1.	16.	31.	46.
2.	17.	32.	47.
3.	18.	33.	48.
4.	19.	34.	49.
5.	20.	35.	50.
6.	21.	36.	51.
7.	22.	37.	52.
8.	23.	38.	53.
9.	24.	39.	54.
10.	25.	40.	55.
11.	26.	41.	56.
12.	27.	42.	57.
13.	28.	43.	58.
14.	29.	44.	59.
15.	30.	45.	60.

나이 연령		나이 지령	
1.	16.	1.	16.
2.	17.	2.	17.
3.	18.	3.	18.
4.	19.	4.	19.
5.	20.	5.	20.
6.	21.	6.	21.
7.	22.	7.	22.
8.	23.	8.	23.
9.	24.	9.	24.
10.	25.	10.	25.
11.	26.	11.	26.
12.	27.	12.	27.
13.	28.	13.	28.
14.	29.	14.	29.
15.	30.	15.	30.

저자 소개

이윤주

　서울대학교 교육학과에서 학부를 마치고, 동 대학교 대학원에서 교육상담 전공으로 석사와 박사학위를 취득하였다. 중학교에서 약 3년간 사회를 가르친 경험이 있으며, 사랑의 전화에서 '공부방법 배우기 프로그램'을 개발하여 수많은 학생과 학부모를 대상으로 교육하였다. 또 KBS, MBC, EBS와 다수 채널의 케이블 TV에 출연하여 효율적인 학습방법을 소개하였다.

　경기도 안산시 청소년상담실 상담부장, 삼성그룹 생활문화센터 상담실 선임상담원으로 근무하였으며, 대구가톨릭대학교 교육학과 교수로 6년간 재직한 후 현재는 영남대학교 교육학과 교수로 재직 중이다. 학부생과 대학원생에게 상담을 가르치는 틈틈이 초 · 중 · 고등학생의 학습상담과 학부모를 대상으로 교육을 계속해 오고 있다.

　이 외에도 한국학업트레이너협회 회장으로서, 다양한 학습과 관련된 포괄적 학업증진 프로그램을 개발하며 강사를 양성하고 있다. 또한 한국상담심리학회와 한국상담학회 정회원이며, 두 학회의 인증 상담전문가이기도 하다.

공부 200% 업그레이드하기
- Life Planner -

2012년 10월 25일 1판 1쇄 인쇄
2012년 10월 30일 1판 1쇄 발행

지은이 • 이윤주
펴낸이 • 김진환
펴낸곳 • (주) **학지사**
121-837 서울시 마포구 서교동 352-29 마인드월드빌딩 5층
대표전화 • 02-330-5114   팩스 • 02-324-2345
등록번호 • 제313-2006-000265호

홈페이지 • http://www.hakjisa.co.kr
커뮤니티 • http://cafe.naver.com/hakjisa

ISBN 978-89-6330-406-9 03370

정가 6,000원